섬, 육지의

국립중앙도서관 출판예정도서목록(CIP)

섬, 육지의 : 이강산 흑백명상사진시집 / 시·사진 : 이강산.
— 대전 : 애지, 2017
  p. ;   cm. — (애지시선 ; 072)

ISBN 978-89-92219-71-6 03810 : ₩13000

한국 현대시[韓國現代詩]
사진[寫眞]

811.7-KDC6
895.715-DDC23   CIP2017024057

이강산 흑백명상사진시집
섬, 육지의

2017년 9월 30일 초판 1쇄 발행

시·사진   이강산

펴낸이   윤영진
편 집   함순례
디자인   함광일 이경훈
홍 보   한천규
펴낸곳   도서출판 애지
등록   제 2005-5호
주소   34623 대전광역시 동구 대전로867번길 46
전화   042 637 9942
팩스   042 635 9941
전자우편   ejiweb@hanmail.net

ⓒ이강산 2017
ISBN 978-89-92219-71-6   03810

* 저자와의 협의에 의해 인지를 생략합니다
* 이 책 내용의 전부 또는 일부를 재사용하려면 저자와 애지 양측의
  동의를 받아야 합니다

애지시선 072

섬, 육지의

이강산 흑백명상사진시집

애지

촬영 제원

■ 카메라, 렌즈
6×6. Hasselblad 503CX. 50mm, 80mm
4×3. Nikon F6. 24mm, 35mm, 60mm
6×17. Linhof Technorama 617s. 90mm

■ 필름
KODAK, Black and White Film, Tri-X 400, TX120(120mm)
KODAK, Black and White Film, Tri-x400 135-36(35mm)

시인의 말

육지라는 이름의 바다.
그 바다의
섬,

동쪽 호수.

열세 번의 봄,
열세 번의 겨울 섬을 다녀왔다.

내게 비움과 고요의 밥상을 차려 준 섬에게
나는 비로소 고맙다는 인사를 했다.

2017년 가을, 섬에서
이강산

차례

시인의 말　005

눈

이 섬에서 내가 찍지 못한 사진　017
말단　020
이 섬에선 나도 초면이다　024
파문　031
사람꽃　035
그냥　039

꽃

숲　046
꽃병　052
고요　059
입춘　062
봄　069
나　071

비

백 년 동안의 고독　076
섬　085
이 섬에서 내가 찍지 못한 사진　093
송화松花　099
고추잠자리　106

바람

채송화　113
고구마누룽지　121
거울　127
홀로　132
누구든지 찾아가는 호수가 있다　137

에필로그— 섬을 위하여　140

눈

섬 속엔 이어도가 산다.

눈 내리면 떠오르는 섬.

섬도 홀로 외롭거나 누군가 그리우면

섬을 찾아 먼 길 떠난다.

회남로 183-14번길 싱어송라이터 장닭의 포크락 연주

황혼의 김치찌개를 홀로 즐기는 오동안골 물버들의 저녁 식탁

그리고……

내 마음의 텃밭을 밟고 떠난

눈사람의 발자국

- 「이 섬에서 내가 찍지 못한 사진」

맨발로 걸어 가는
오리 한 줄,

눈 비 바람 별똥 빙어 모과 토끼 물총새 허수아비 적막 느림 …… 나

- 「말단」

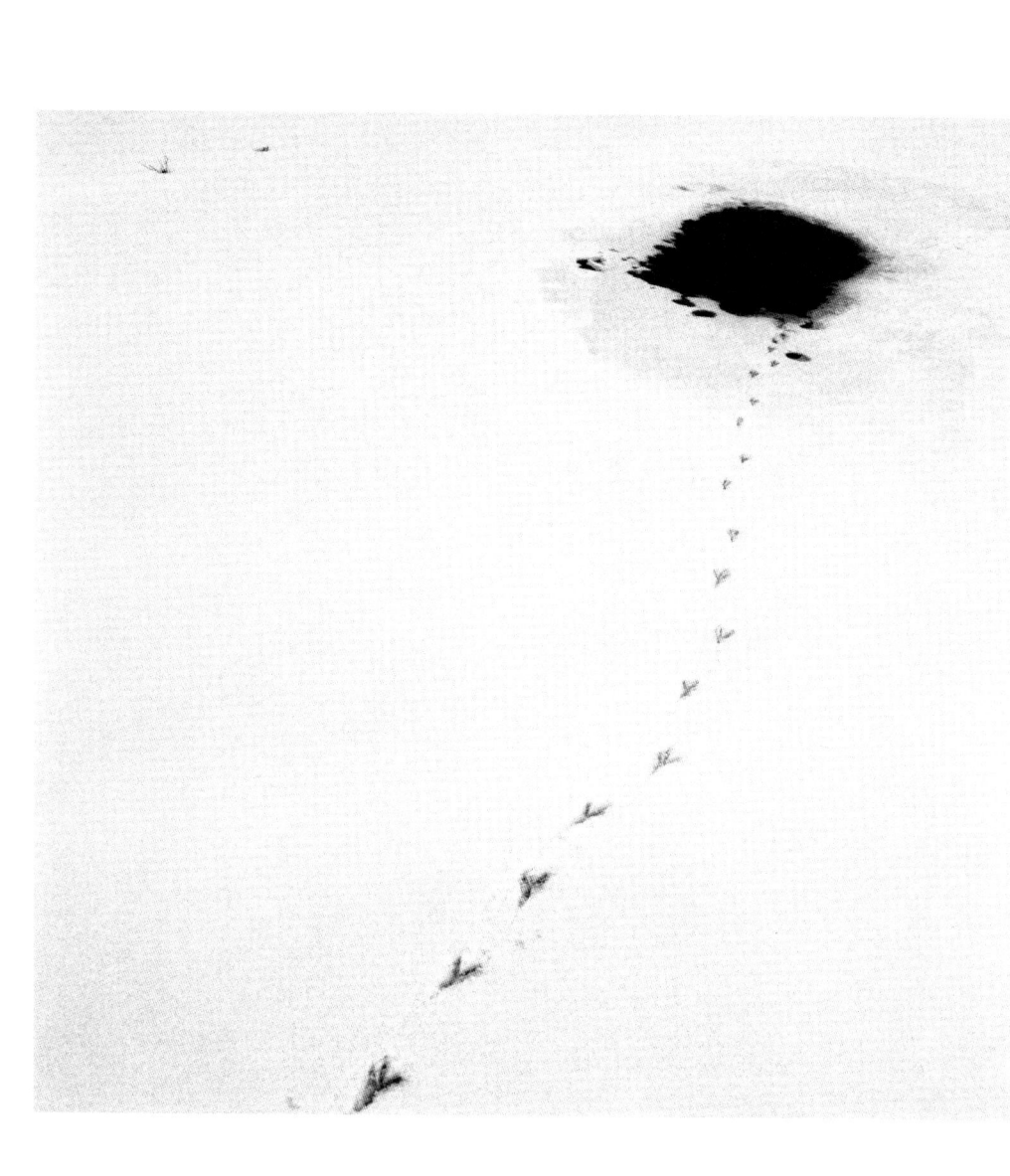

이 섬에서 초면 아닌 사람은 나뿐인 줄 알았던 나도 홀로 걷다보면 초면이다

내게 날개를 달아주고 앞서거니 뒤서거니 날아오르는 바람처럼, 청둥오리처럼

돌아보면 반갑고 고맙고 행복하다 손 내미는 나는 나에게 단연코 초면이다

- 「이 섬에선 나도 초면이다」

지금까지 채운 것을 다 비우고 호수는 물뿐이다

호수도 파문 한 점 이루려 찾아가는 호수가 있는 모양이다

-「파문」

대한大寒에 풍로초가 피었다
박수를 쳤다

꽃이 피었다

사람의 발자국 소리를 먹고 자라는 꽃,
꽃의 발자국 소리를 먹고 자라는 나,

금호아트홀 플루트 독주회보다 더 크게 박수를 쳤다

사람이 피었다

- 「사람꽃」

휘어지기

바람 부는 대로 휘어지기

휘어지는 대로 휘어지기

- 「그냥」

꽃

꽃을 품고 섬에 들어간 사람이 있다.

섬 어디서도 그를 찾을 수 없지만 굳이 찾으려할 필요도 없다.

섬 어디서든 해마다 꽃이 피기 때문이다.

나도 저렇듯 떼 지어 숲이 되고 싶다

- 「숲」

꽃에 사무쳐 꽃 품고 사는 봄처럼 내 몸의 골짜기마다 꽃이다

골짜기가 깊어 꽃도 나도 빠져나가지 못하는 4월은 꽃병처럼 붉다

봄 신호등에 걸린 낡은 자동차의 앙가슴에 진달래 두어 가지 꽂혀있다

저 여인도 꽃에 사무쳐 꽃 품고 가는 것이라면 십중팔구 나처럼 꽃병든 거다

-「꽃병」

가라앉기

날아오를 때까지 가라앉기

허공의 밑바닥까지 가라앉기

- 「고요」

지난 가을 한집 살림을 차린 토끼처럼 똥, 똥 소리 내며 속을 비우고 가벼워지는,

　모퉁이 그늘 아래, 누가 보거나 말거나 느릿느릿 걸어가는 동백처럼 붉은 입술 깨무는,

　풍만 맞지 않았다면 빙어장수 안 씨가 지금 한창 빙어와 헤어져 호수처럼 눈물에 젖어있을,

- 「입춘」

봄마다 만나면 봄처럼 맨발로 달려 나와서 봄으로 부르는
사성동 개,

흰 봄, 노란 봄, 검은 봄
미운 오리 새끼 같은 점박이 봄……

호수를 닮아 넓고 깊은 귀를 가진 것일까
사람의 발자국소리만 들리면 일제히 짖는다

저마다 색이 다른 목소리,
지리산 악양의 마을밴드보다 다양한 선율,

호숫가 객석 한 자리만 차면 어김없이
봄,
봄의 관현악이다

- 「봄」

고맙다

나를 닮은 너를 보고서야 비로소 나를 본다

- 「나」

비

당신,

섬의 쌀밥이고 노래이고 시집이고 연인이며 눈물인……

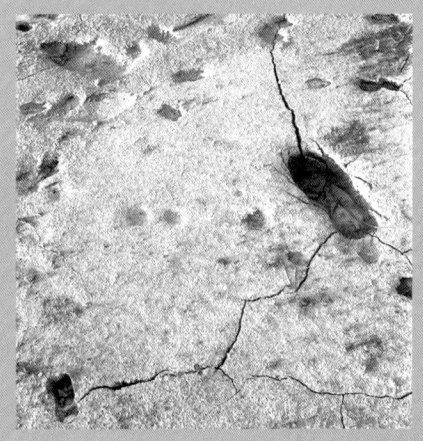

일 년을 기다려 단 한 번 당신을 만난다

견딜 수 없었다

백 년을 기다려 단 한 번 나를 만났을 당신 생각하면

나는 아직 멀었다

－「백 년 동안의 고독」

이 섬은 봄을 기다리다 저 혼자 꽃이 피는 섬이다

이 섬은 겨울 기다리다 저 혼자 첫눈 맞는 섬이다

이 섬은 섬을 기다리다 저 혼자 섬이 되는 섬이다

- 「섬」

밤마다 주인 몰래 바람의 강물에 띄우는 옥수수밭 허수아비의 연서

육지만 바라보다 큰누님처럼 늙어버린 어부동식당 간판의 올챙이적 미소

그리고……

별똥처럼 내 마음을 할퀴고 날아간

하얀 고추잠자리

- 「이 섬에서 내가 찍지 못한 사진」

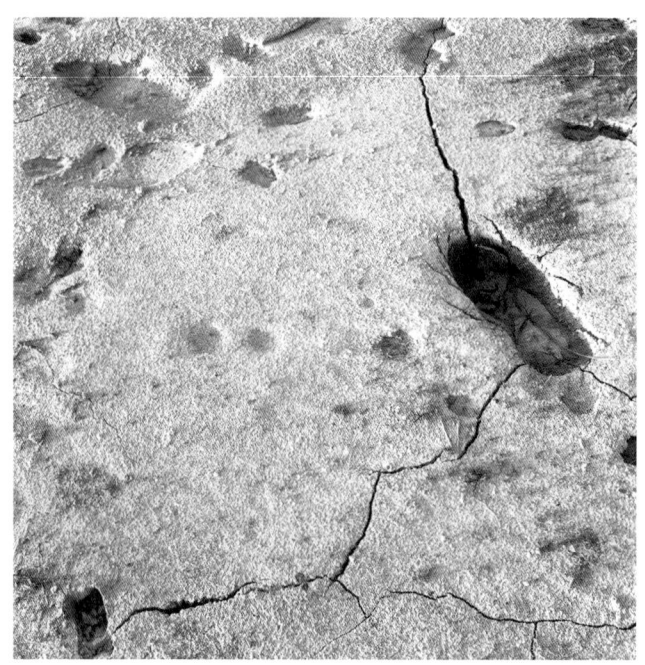

저 노오란 분칠 하느라 아카시아 꽃들이 꼭두새벽부터 웅성거렸나보다

이 호숫가에서 세 번째 남자를 만난 정 씨 이마의 흉터에도 저 분가루 쌓이겠다

가릴 것 없이 속살 드러난 호수의 실핏줄은 그대로 터질 듯하다

나도 가뭄이 깊어 호수에 온 것을, 이토록 바닥을 드러낼 까닭이 없는 것을,

뼈만 남은 호수, 속살 감춰두라고 저 환장하게 분가루 날리는 것 어쩌겠는가

-「송화松花」

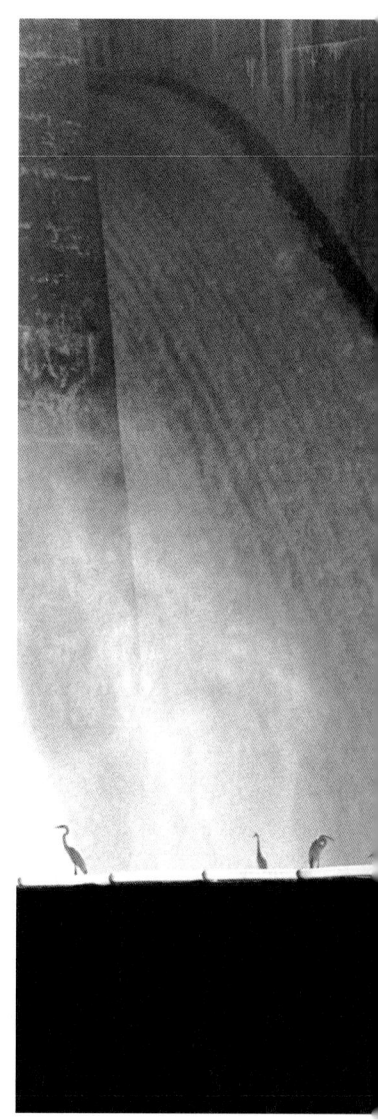

송사리 한 마리, 구름을 역류해 헤엄쳐간다

송사리 두 마리, 구름을 역류해 헤엄쳐간다

송사리 네 마리, 구름을 역류해 헤엄쳐간다

- 「고추잠자리」

바람

오늘도 섬을 향해 흘러가는 인간의 바람 한 줄기,

나.

사람아,
처음 만난 채송화를 불렀다
이 사람아,

사람의 말을 한 마디도 못하고 홀로 견뎠을 것이다

사람아,
처음 만난 채송화가 불렀다
이 사람아,

-「채송화」

고구마를 닦으면서 김 형은 호수에 잠기고 있다

호수에 핏줄을 댄 나무들처럼 김 형의 날숨에선 사계절 물안개가 핀다

늦가을 저녁이다

모과나 고구마 같은 호수를 닮은 이들이 저마다 밥상을 차리는,

생의 한 순간 극진해지는 저녁이다

김 형은 오늘도 양은 주전자 밑바닥에 눌러 붙은 고구마 누룽지를 나에게 긁어 주려는가

-「고구마누룽지」

바람이 보인다

바람이 보인다

너무 늦게 섬을 들여다보았다

사람이 보인다

사람이 보인다

                                  -「거울」

홀로 걸어야 당신을 만날 수 있다

길 잘못 들어야 당신을 만날 수 있다

-「홀로」

감나무 곁에서 중년 여자가 머리 위까지 팔을 펼치고 있다

바람의 편지를 수신하는 중일까
세한歲寒의 동백꽃처럼 붉은 몰입이다

길 가에서 정장 남자가 승용차를 세우고 양치질을 한다

국도 위, 신사의 양치질
잊었던 희망 한 분, 조우하는 날일까

묻지 않고 가던 길 간다

침묵의 가뭄 적시려 내가 호수에 가듯
여자와 남자도 생의 호수를 찾아가는 중일 것이다

- 「누구든지 찾아가는 호수가 있다」

에필로그 – 섬을 위하여

*

육지라는 이름의 바다.

지리산 천왕봉에 올라 내려다본 바다는 서남단 가거도 독실산정에서 바라본 바다보다 광대하여 수평선조차 보이지 않았다. 크고 작은 산맥의 파랑이 끝없이 밀물 드는 바다. 내가 종종 산에 오르는 것은 그 파랑의 밀물에 휩싸이고 싶은 때문이다.

산을 오르내리다 발견한 한 점 섬, 동쪽 호수. 대청호를 남북으로 나누어 이름표를 붙인 동쪽 호수는 내가 천왕봉에서 발견한 육지라는 바다의 첫 번째 섬이다. 속병을 치유하기 위해 홀로 기행을 즐기던 마흔 중반이었을 것이다. '육지의 섬'에 사로잡힌 것은. 그로부터 이순(耳順)의 문턱에 다다른 오늘까지 어림짐작으로도 나는 그 섬에 백번 남짓 정박했을 것이다.

흑백필름으로 촬영된 섬 사진들은 세간의 멋진 풍경사진과는 거리가 멀다. 봄여름가을겨울 섬과 함께 호흡하는 모든 생명체들의 일상일 뿐이다. 굳이 분류하자면 다큐에 가까운 사진들이다. 나는 그들을 그냥 지나칠 수 없어서, 어제의 안부가 궁금해서, 내일은 어디로 떠날까 묻고 싶어서 정성껏 셔터를 눌렀다.

동쪽 호수, 이 섬의 가장 큰 미덕은 배려와 관용이다. 평등과 자유다. 섬은 무엇이든 가리지 않고 품에 안는다. 귀하고 천한 것을 따지지 않는다. 오는 이, 가는 이를 그대로 두고 볼 뿐, 만류하거나 거절하지 않는다. 대개 스스로 왔다 스스로 떠나므로 섬은 고즈넉이 바라만 보고 간섭하지 않는다. 나는 그 가운데 한 사람, 섬의 가슴에 잠시 파문 한 점 남기고 사라지는 바람, 혹은 첫눈 같은 존재일 뿐이다.

*

  사진에서 힘을 빼야 된다는 생각이 절실해졌다. 흑백필름을 들고 10년 넘게 암실을 출입하면서, 속병을 다스리는 동안 그 생각을 반복했다.
  그 생각의 모퉁이를 돌 때마다 셔터 누르는 손가락이 가벼워졌다. 퍽, 퍽 둔중한 쇳소리를 내던, 늙은 카메라의 셔터 떨어지는 소리가 경쾌해졌다.

  그 어느 순간부터 나는 '사진의 수묵화'를 꿈꾸기 시작했다. 10여 년 전, 아내에게 손목을 잡혀 지리산 명상원을 다녀온 뒤였다. 작정을 하고, 오로지 겨울만을 기다려 섬과 오지와 산을 걷기 시작했다. 철저히 혼자서 길을 떠났다. 철거휴먼다큐사진 작업으로 몸과 마음이 피폐해져 속병이 도지는 중이었다. 휴식보다 비상구가 필요했다.

  도보고행 같은 열세 번의 겨울기행으로 몸은 늙고 무거워졌지만 마음은 젊고 가벼워졌다. 홀로 길을 걷는 동안 비움과 느림, 침묵과 고독을 새로 배웠다. 배려와 관용의 실천을 고민했다.
  단 한 순간도 나를 놓치지 않는 세상은 나를 들여다보는 거울이었다. 그 거울을 닦으며 가슴에 품은 것이 명상기행사진 「동행冬行」이다.

  이제 두 번의 겨울이 남았다. 「동행冬行」이 집 한 채를 마련해 내 품을 떠날 시간이. 열다섯 번의 겨울 끝에 출가시키기로 오래 전에 약속했다. 짐작컨대 「동행冬行」은 동쪽 호수보다 깊고 외로운 섬이 될 것이다. 머잖아 내 곁을 떠날 그 빈 공간이 벌써부터 우려된다. 그 기대와 우려가 오늘 『섬, 육지의』를 먼저 세상에 내놓는 까닭인 셈이다.

                                                — 이강산

이 강 산

1959년 충남 금산 출생
1989년 계간 『실천문학』(시), 2007년 『사람의 문학』(소설)으로 등단
시집 『세상의 아름다운 풍경』, 『물속의 발자국』, 『모항母港』
소설집 『황금비늘』
휴먼다큐흑백사진집 『집-지상의 방 한 칸』
흑백명상사진시집 『섬, 육지의』
2007년 제1회 흑백사진개인전, 「가슴으로 바라보다」(GALLERY photo class)
2012년 제2회 흑백사진개인전, 「사람들의 안부를 묻는다」(GALLERY 「LUX」)
2015년 제3회 흑백사진개인전, 「어머니뎐(傳)」(GALLERY 「NOW」)
2016년 제4회 사진개인전, 「나팔꽃」(대전미술교육관)
2005년 한국문화예술위원회 창작지원금 수혜(시 부문)
2014년 대전문화재단 예술창작지원금 수혜(소설 부문)
2014년 한국문화예술위원회 〈아르코문학창작기금〉 수상(시 부문)
2006년 한국문화예술위원회 우수 도서 선정 : 시집 『물속의 발자국』
2015년 한국문화예술위원회 우수 도서(세종도서) 선정 : 시집 『모항母港』
현재 〈대전작가회의〉, 〈한국작가회의〉 회원
현재 요가명상 공간 「샨띠아슈람」 운영

메일 lks5929@hanmail.net
전화 010-8807-0765